AF227139

ÉLOGE FUNÈBRE

DE

M. MARTIAL COIFFARD

ÉLOGE FUNÈBRE

DE

M. MARTIAL COIFFARD

CURÉ DE SAINTE-CROIX

PRONONCÉ DANS L'ÉGLISE DE SAINTE-CROIX

LE 13 OCTOBRE 1868

PAR

M. L'ABBÉ CIROT DE LA VILLE

Chanoine honoraire, Professeur à la Faculté de Théologie.

Prix : 25 centimes

AU PROFIT DES PAUVRES DE SAINTE-CROIX

BORDEAUX

IMPRIMERIE DE LA GUIENNE

(Brevet Vᵉ J. Dupuy)

20, RUE GOUVION

1868

ÉLOGE FUNÈBRE

DE

M. MARTIAL COIFFARD

Curé de Sainte-Croix

PRONONCÉ DANS L'ÉGLISE DE SAINTE-CROIX LE 13 OCTOBRE 1868

> *Omni tempore vultus timentium*
> *Deum hilaris.*
>
> « Le visage de ceux qui craignent Dieu
> » est toujours serein. »
>
> (ECCL. XXVI. 4.)

Il plaît à Dieu de marquer le front de ses serviteurs d'un signe révélateur de leur âme. Du fond de leur cœur où il a établi son règne, il répand sur leur physionomie une manifestation de ses dons intimes. C'est un temple dont le frontispice annonce dignement le sanctuaire. La pénitence creusa ses sillons sur les joues de saint Pierre. La mortification et le silence du désert gravèrent leur austérité sur le visage de saint Jérôme. La charité s'assit sur les lèvres épanouies de Vincent de Paul ; l'œil de François de Sales rayonnait de mansuétude et de candeur. « Les » fruits de l'esprit de Dieu, dit saint Paul, sont la charité, » la joie, la paix, la patience, la bénignité, la bonté,

» la persévérance, la douceur, la foi, la modestie, la con-
» tinence, la chasteté. » Maîtresses de l'intérieur, ces
vertus assouplissent facilement les sens et établissent dans
tout l'ensemble de l'être cet ordre qui est la vraie beauté
du dedans et du dehors.

Or, parmi ces signes, Dieu choisit pour le digne prêtre,
objet de cette cérémonie funèbre, la bonté épanouie et
joyeuse. Comme il dispense divers genres de sérénité, il
lui donna pour cachet l'hilarité, traduisons par le mot le
plus populaire et le mieux compris : la gaieté : *Vultus
timentium Deum hilaris.*

Et ce qui prouve qu'elle ne fut pas seulement en lui
quelque chose d'humain, le résultat des traits physiques,
des dispositions naturelles, mais le fruit de la grâce, un
don divin, c'est qu'il la conserva toujours, *omni tempore*,
dans les contentements et les contradictions, à travers les
succès ou les difficultés, dans la vie et dans la mort, devant
ce qui flatte la nature et devant ce qui la brise; ce fut,
en un mot, le trait caractéristique des préparations et des
consommations de son sacerdoce, le résumé de sa vie : *Omni tempore vultus timentium Deum hilaris.*

Desseins mystérieux de la Providence! Qui m'eût dit, lors-
que, de cette chaire, j'exprimais à l'ami qui m'avait fait le
confident de son âme, mes vœux de bienvenue au milieu de
vous, paroissiens de Ste-Croix, que j'y remonterais sitôt après
pour lui payer un tribut de douleur? Me serais-je cru des-
tiné à répandre des larmes sur deux tombes si rapprochées,
en présence d'un troisième ami appelé à faire revivre les
deux autres? Ainsi, sur la terre, les tristesses empiètent
sur les joies, et les joies sur les tristesses : *Extrema gaudii
luctus occupat* (Prov. XIV. 13.) Apprenons à sanctifier les

unes et les autres, de cet hommage rendu à la pieuse mémoire de M. Martial Coiffard, curé de Sainte-Croix, de Bordeaux.

Jésus-Christ, M. T. C. F., est le chef, fondateur et consommateur du sacerdoce. Il en tient et en communique les pouvoirs; il en confère les grâces; il en résume les préparations et les consommations. C'est pourquoi le prêtre est un autre Jésus-Christ : *Sacerdos alter Christus.* C'est pourquoi Dieu a pour lui des soins ineffables, des attentions merveilleuses. Quand il introduisit son Fils dans le monde, dit saint Paul, il chargea ses anges de sa garde : Voici mon Fils, leur dit-il, allez; faites tout servir, crèche, exil, vie cachée, jeûne du désert à la préparation du sacerdoce qui doit sauver le monde : *Adorent eum omnes Angeli.* (HÆBR. I. 6). Quand naît un prêtre futur, Dieu dit encore : Voici un enfant; hommes et choses qui êtes mes anges, les ministres de ma volonté, naissance, famille, éducation, protecteurs, modèles, servez mes desseins. Ainsi il avait parlé pour le jeune Martial.

Le 8 décembre est une date célèbre. Les siècles passés chantaient ce jour là : « Célébrons avec allégresse la Conception de la Bienheureuse Vierge Marie. » Notre siècle a eu la gloire de l'illustrer encore, en ajoutant à ce chant et à son symbole : Conception immaculée. C'est ce jour que l'incomparable Pie IX a désigné à la merveille d'un Concile œcuménique. C'est à ce jour de l'année 1818 que naissait votre futur pasteur, sous l'égide de cette maternité céleste qui a coutume d'inaugurer la vie des oints du Seigneur.

Dieu, qui avait fait luire une aurore si pure sur le berceau de l'enfant, lui réserva en même temps un toit sûr et béni. Rien de plus précieux, de plus fécond, M. F., qu'une famille chrétienne. C'est une source dont les eaux conservent bien loin dans l'avenir leur abondance et leur limpidité. C'est un tronc d'où sortent de puissantes branches riches de fruits, des générations d'honneur et de vertu. Le chrétien doit presque toujours son christianisme et sa piété au foyer domestique. Le prêtre, bien plus encore, doit sa vocation privilégiée aux prières de parents semblables à ceux de saint Grégoire de Nazianze, aimant Jésus-Christ plus que leurs enfants, et plus ambitieux de les dévouer à sa gloire que de les réserver à leur propre affection.

Une paternité d'une plus grande influence sur les destinées de l'élu du sanctuaire ne fit pas défaut au jeune Coiffard. M. Boyé, archiprêtre de Lesparre, aujourd'hui chanoine, et survivant dans l'extrême vieillesse à son fils d'adoption, l'avait baptisé. Vit-il dès-lors dans les traits encore confus des premières heures de l'existence ce signe que nous reconnaîtrons plus tard ? l'enfant sourit-il alors au lieu de pleurer comme les autres ? Nous ne savons; mais, ce que nous n'ignorons pas, c'est que M. Boyé était un de ces vieux soldats du premier empire qui, à l'appel de la religion rouvrant ses temples, vinrent se mettre à son service et former la première phalange du sacerdocé renaissant. Il sentit sous l'imposition de ses mains une âme bonne : *Animam bonam* (Sap. VIII. 19); il lui donna une bénédiction particulière. Un jour, Jésus-Christ prenant un enfant, le plaça au milieu de ses disciples en leur disant : « Si vous ne devenez semblables à lui vous n'entrerez point dans le royaume des cieux. » (Math. XVIII. 3). Selon une pieuse tradition, cet enfant était saint Martial, devenu plus tard l'apôtre de l'Aquitaine et de Bordeaux. On ajoute

que la main du Sauveur avait laissé sur sa tête une empreinte qu'on y reconnaissait encore dans un âge avancé.
Comme son patron, notre petit Martial conserva toute sa
vie l'empreinte du digne vétéran du sacerdoce, et le jour
où, à douze ans, préparé par lui, il fit sa première com-
munion, la naïveté de sa joie dût révéler un cœur que Jésus-
Christ venait de prendre exclusivement pour lui.

Il est, M. T. C. F., dans la préparation du prêtre, deux
phases communes à tous : le Petit-Séminaire, le Grand-Sé-
minaire ; deux asiles de silence et de travail, deux règle-
ments, des études littéraires ou théologiques, des exercices
de piété, spectacle monotone et banal. Que dis-je ? ce n'est
même pas un spectacle autrement que pour Dieu et ses
anges. Vous, M. T. C. F., vous n'en voyez rien. Pendant
dix ans, douze ans, vos enfants y sont renfermés ; vous les
y avez conduits enfants, ils en sortent hommes, prêtres.
Quels mystères se sont accomplis dans cet intervalle ?
Quelle élaboration lente, patiente, énergique du cœur et
de l'esprit ! Quel sage mélange de la science et de la piété !
Que de luttes, d'efforts, de résolution dans cette double
épreuve ! Maîtres vénérés de la jeunesse sacerdotale, ce
serait à vous de dire à ce peuple, comment le jeune Martial
remplît cette partie de sa carrière, comment cette nature
épanouie présentait à vos leçons une intelligence prompte
et facile, un cœur souple et liant. Ce serait à vous, Mes-
sieurs, qui l'avez connu et aimé comme condisciple, de
dire si la gaieté n'était pas déjà le courage et le succès de
son éducation cléricale : *Vultus timentium Deum hilaris*.

M. Coiffard sortit prêtre du Séminaire, le 23 décembre
1843, ordonné et envoyé comme vicaire à Saint-Seurin par
Son Eminence le Cardinal Donnet. Il était prêtre, mais non

pas achevé ; il lui manquait l'expérience. C'est pour assurer ce complément au type sacerdotal et surtout pastoral que le vicariat a été établi. Saint Paul appelait Timothée son fils : *Dilecto filio* ; il lui faisait ses recommandations : *Commendo tibi* ; il l'éclairait de ses conseils pour lui-même et pour les autres : *Attende tibi et doctrinœ* ; revêtant ces avis divers d'une forme générale de confiance et d'honneur : *Nemo adolescentiam tuam contemnat.* Timothée voyait en saint Paul son père, son guide, son modèle, l'apôtre qui avait déjà combattu, travaillé, bien mérité de l'Eglise. Saintes relations, M. T. C. F., qui se perpétuent entre le vicaire dévoué et le curé prêtre dans son église, administrateur dans sa paroisse, père et ami dans son presbytère !

M. Coiffard trouva tout cela et l'apprécia dans la personne de M. Cellier de Soissons, curé de Saint-Seurin.

Permettez-moi, M. T. C. F., de saluer en passant le nom que je viens de prononcer. Il n'est pas étranger ici. M. de Soissons vous prépara le pasteur que vous pleurez et, je puis ajouter, celui que vous venez de recevoir. Oui, M. Hirigoyen, quand vous avez quitté cette Institution si estimée où j'eus le bonheur de vous prêter mon ministère et de former avec vous nos premiers liens ; quand vous entrâtes résolument dans la carrière sacerdotale, M. de Soissons ne fut pas pour peu dans cet acte de maturité. Dans les relations du chef d'institution chrétien avec le curé, vous l'aviez vu à l'œuvre ; vous aviez sondé son cœur ; vous aviez apprécié ce type de bonté, rayonnant encore dans ses images et bien mieux dans nos souvenirs ; vous comprîtes que si la charge pastorale a ses labeurs elle a aussi son impérissable couronne.

Je m'oublie, M. T. C. F., dans ces années chères à mes

souvenirs. J'ai hâte d'en sortir avec M. Coiffard appelé successivement aux cures de Génissac, de Saint-Denis de Piles et de Langon. Ce n'est plus seulement le temps de la collaboration à laquelle il se donnait tout entier et qui lui créa des estimes et des amitiés impérissables. C'est l'heure du travail avec sa direction et son initiative personnelles. C'est la première consommation du pasteur s'immolant à l'exemple de son Maître : *In laboribus fui* (Ps. 87. 16); responsable à l'égard de tous, débiteur de sa vie, de ses sollicitudes envers ceux qui en veulent et envers ceux qui n'en veulent pas. Rien ne ressemble plus à une paroisse qu'une paroisse, et qu'une église à une église. Partout des âmes à sauver; partout le temple matériel à tenir digne de cette haute destination. Et pourtant que de variétés infinies dans cette double œuvre d'édification, selon les lieux et les personnes! Que d'esprits et de caractères différents dans des populations qui se touchent par le sol et sont si éloignées par les dispositions morales! M. Coiffard triompha de ses écueils. Il se fit tout à tous et à toutes choses. Là où il fallait construire, il construisit; là où il fallait orner, il orna; là où il fallait réparer, il répara. Quand il fallait de l'argent, il sut gagner les cœurs et les bourses. Quand il fallait de la prudence, de la réserve, de la patience, il les puisa en lui-même dans sa piété et sa foi. Quand il rencontra des obstacles et des hostilités, ils tombaient anéantis devant ce fond de bonté qui ne pensait, qui ne disait mal de personne et se traduisait par un sourire invincible : *Vultus timentium Deum hilaris.*

Mais, M. T. C. F., pourquoi vous ferais-je plus longtemps parcourir les paroisses occupées par M. Coiffard? pourquoi y recueillir encore les souvenirs matériels et spirituels laissés par lui dans chacune d'elles, lorsqu'il s'est reproduit tout entier sous vos yeux, au milieu de vous, pour vous ?

La mort de M. Berrouet vous l'amena. Vous perdiez un pasteur éminemment populaire, dont l'activité devançait le jour et le dépassait ; qu'on rencontrait, à des heures impossibles, frappant à la porte des puissants pour son église et pour ses pauvres. Ne l'avez-vous pas retrouvé dans son successeur ? Enfants, je vous ai vus accourir autour de lui dans vos rues. Ecoles, j'ai pris part à ses démarches pour votre entretien et votre agrandissement. Pauvres, il a été votre providence et vous fait encore du bien après sa mort. Malades, sa visite vous consolait et vous rendait heureux. Congrégations religieuses, vous éprouviez chaque jour son zèle et son intérêt. Administrateurs de la Fabrique, vous eût-il été possible de ne pas faire avec lui un seul cœur et une seule âme pour la maison de Dieu ?

Et pourtant tout cela n'a duré, pour ainsi dire, que quelques mois. La maladie est venue en peu de temps abattre une santé faite pour résister à de longs travaux ; la maladie, nouvelle consommation du prêtre, autre forme du sacrifice de sa vie pour ses brebis. Comme elle a été cruelle, obstinée envers M. Coiffard ! L'homme est semblable à la fleur des champs ; il naît le matin, il se dessèche le soir. Ah ! que cette parole s'est sensiblement vérifiée en lui ! Cette nature si puissante, nous l'avons vue affaissée ; ce corps si vigoureux nous l'avons vu amaigri. Oui, je l'ai vu, dans ses derniers jours, on ne reconnaissait plus rien de lui : *Vidimus eum et non erat aspectus* (Js. LIII. 2.) Je me trompe : sous les ruines désastreuses du mal, une chose le rendait tout entier, c'était le sourire, le mot de l'égalité de l'âme : *Vultus timentium Deum hilaris.*

Le souvenir de sa paroisse éveillait seul en lui quelques désirs : « Seigneur, disait-il alors, celui que vous aimez est malade ; si vous voulez, vous pouvez le guérir... Que votre volonté soit faite ! » Il souffrait, M. F., d'être éloigné de vos fêtes, de vos cérémonies, de vos assemblées chrétiennes. Cette souffrance morale le rendit plus fort que la souffrance physique, ce Jeudi-Saint où vous le vîtes déjà languissant, faire ses pâques avec vous. Elle soutint son zèle jusqu'à l'extrémité. A cette même époque, un homme malade, hostile à la religion, avait résisté à toutes les avances ; on lui fit espérer que la visite du pasteur aurait plus de succès ; il se traîna jusqu'à cette brebis rebelle et en fit la conquête de la grâce.

Ce calme, ce courage naissaient du fond de piété qui avait toujours été en lui et que la souffrance était venue développer encore. Saint Camille de Lellis appelait les maladies les *miséricordes du Seigneur*. Ce mot de bonté et de grâce s'applique bien à M. Coiffard. Doux envers la douleur, son cœur si bien fait pour sentir les tendresses de Dieu, qui, en affligeant, afflige en père, se tourna plus amoureusement vers lui. Il pensait à lui, il parlait de lui, il le priait sans cesse, et ce n'est que dans les dernières violences du mal qu'il consentit à renoncer à la récitation du bréviaire.

Ainsi, M. T. C. F., sur son lit de douleur, votre pasteur, à l'exemple de Jésus-Christ sur la croix, s'offrait en holocauste pour lui-même et pour ses frères. Mais il fallait que le sacrifice se complétât par la mort, dernière consommation du prêtre conforme à son modèle : *Consummatum est* (Joan, XIX, 30). Vos prières, vos neuvaines ardentes et répétées ne devaient pas changer le décret éternel. Malgré

la jeunesse, malgré la force, malgré tous les éléments
d'une carrière sacerdotale longue et féconde, Dieu trou-
vait que son serviteur avait fait son temps et le rappelait
à lui.

O mort que tu es amère et cruelle ! comme tu te joues
des plus légitimes espérances ! comme tu brises les vies
les plus utiles ! comme tu déchires sans égard les liens
sacrés du troupeau et du pasteur ! Il est vrai, M. F., elle est
le jugement et le jugement terrible de Dieu. Ne l'accusez
pas pourtant outre mesure. Soyez vis à vis d'elle doux et
soumis comme le pasteur qu'elle vous enlève. Comme on
lui demandait s'il la craignait : Oui et non, répondait-il.
Oui, parce qu'il faut être un saint pour paraître devant
Dieu ; autrement elle ne m'effraie pas. Et comment ne
l'eût-il pas vue sans trouble, puisque le jour même où il
reçut son dernier coup, il avait reçu encore la com-
munion pour expirer avec Jésus-Christ, qui semblait lais-
ser sur ses lèvres la dernière empreinte de la joie, augure
de la joie éternelle : *Omni tempore vultus timentium Deum
hilaris.*

La vie, dit saint François de Sales, est une navigation
vers le port du salut, et semblables à de bons pilotes nous
devons toujours tenir notre timon juste, notre volonté
égale, parmi les inégalités des flots. Tel fut, N. T. C. F., le
caractère du pasteur si justement pleuré, tel l'exemple
qu'il vous laisse. Comme lui, dans les accidents de la vie,
dans les tempêtes du monde, ne changez pas d'humeur
ni d'inclinations ; élevez-vous au-dessus de tout, en vous
plaçant en Dieu, où il n'y a plus de troubles et de révo-
lutions.

Et maintenant, pasteur pieux, excellent ami, agréez ce

discours comme une dette d'une amitié qui ne vous faillira pas. Vous, pasteur nouveau, avec la foi héréditaire d'une famille qui compte de saints prêtres, remontez à cet autel où si souvent il offrit le même sacrifice. Vous, fidèles, renouvelez des prières tant de fois unies aux siennes. Et vous, seigneur Dieu de justice, mais aussi Dieu miséricorde, vous qui jugez les âmes, mais qui aussi les aimez et les sanctifiez, donnez à celui pour lequel nous vous offrons ce sacrifice, le lieu de votre repos et de votre gloire éternelle.

AINSI SOIT-IL.

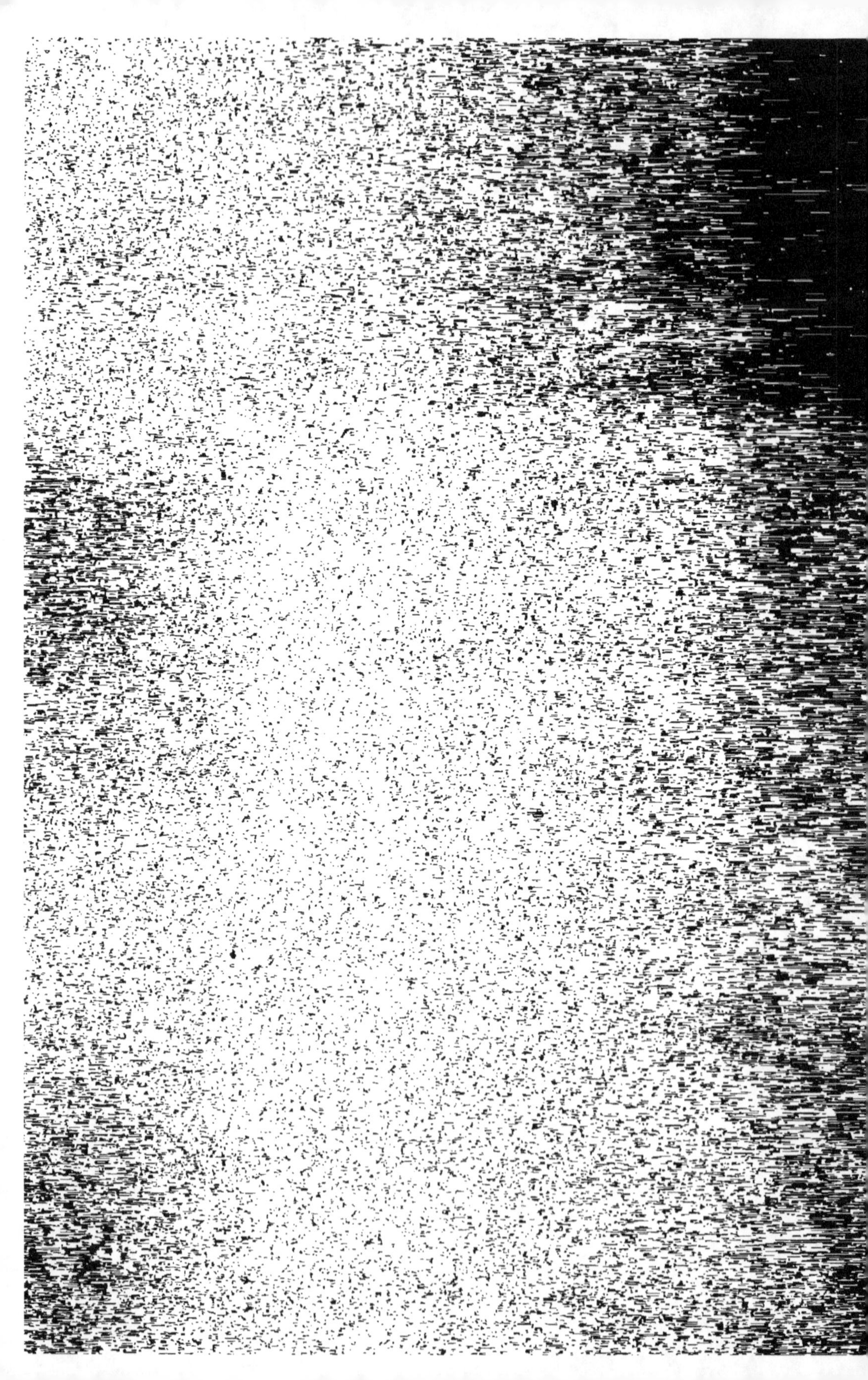